唐物《からもの》の神能《かみのう》における唐土《もろこし》

『東方朔《とうぼうさく》』『西王母《せいおうぼ》』『菊慈童《きくじどう》』『鶴亀《つるかめ》』をめぐって

シンガポール国立大学日本研究学科准教授
リム・ベンチュー

青山学院大学文学部日本文学科編◎小松靖彦・韓京子・滝澤みか企画

文学通信

本書は二〇二三年七月一日に開催された青山学院大学文学部日本文学科主催招聘講演「唐物の神能における中国のイメージ―『東方朔』『西王母』『菊慈童』『鶴亀』をめぐって」の記録です。

【カバーおよび扉図版】
左　：『東方朔』（月岡耕漁画『能楽図絵』より、Wikimedia commons）
中央：『白楽天』（月岡耕漁画『能画大観』より、Wikimedia commons）
右　：『枕慈童』（月岡耕漁画『能楽図絵』より、立命館大学ＡＲＣ所蔵）

【目次】

はしがき（小松靖彦）　7
講師紹介（韓京子）　11

I　はじめに　13

この講演でお話ししたいこと
能とその分類

II　神能と唐物の神能　19

神能
神能の構造
世阿弥と唐事

「唐物」とは

III 作品分析 31

『東方朔』『西王母』

『鶴亀』

『東方朔』『西王母』『鶴亀』の共通点

『菊慈童』について

『白楽天』における唐土

IV 終わりに 44

参考文献 46

講演を聴いて――コメントとレスポンス　48

■コメント（滝澤みか）

■会場からの質問への解答①

■会場からの質問への解答②

（1）不老長寿の薬を貰うというのは、唐物の神能に見られる特徴なのか。能『富士山』は、唐物ではないが、日本の富士山に不老不死の薬を求めに中国から使者がやってくる内容で、不老不死への憧れという要素がある。

（2）唐物の中に登場せず、宮殿の中にいて臣下に命令を下す皇帝は、永遠不動な北極星と同じイメージを表しているのではないか。

青山学院大学文学部日本文学科主催招聘講演
「唐物の神能における中国のイメージ――『東方朔』『西王母』『菊慈童』『鶴亀』をめぐって」について（韓京子）　62

はしがき——企画の趣旨と経緯

小松靖彦

青山学院大学文学部日本文学科は、日本研究を進めている海外の研究者との学術交流を、積極的に進めています。その交流の一環として、二〇二三年七月一日（土）に、シンガポール国立大学のリム・ベンチュー氏をお招きし、講演会を開催しました。

シンガポール国立大学人文・社会科学部日本研究学科は、一九八一年に創設されました。以来四十余年、文学・言語・社会・現代文化などさまざまな分野の日本研究者が集い、活発に研究を進めています。まさに東南アジアにおける日本研究の拠点となっています。

実はシンガポール国立大学日本研究学科は、万葉学者の粂《くめ》川《かわ》光《みつ》樹《き》氏（一九三二〜二〇一八。明治学院大学名誉教授。著書に『上代日本の文学と時間』〈笠間書院、二〇〇七〉など）と深い関わりがあります。粂川氏は上級講師としてシンガポール国立大学に赴任し、初代日本研究学科長として、学科の創設に尽力されました。

粂川氏は、『万葉集』を専門とする私にとって敬愛する先達であり、さらに、私は氏の晩年の「日本学の構築」という広い視野に基づく独創的なプロジェクトにも参加しておりました（残念なことにプロジェクトは未完のまま、粂川氏は逝去されました）。

リム・ベンチュー氏は粂川氏の教え子でいらっしゃいます。それを知ったとき、私は本当に不思議な縁を感じました。リム・ベンチュー氏の卒業論文は、世阿弥の『風姿花伝《ふうしかでん》』についての研究とのことです。

二〇二三年三月、私はシンガポールを訪れました。シンガポール国立大学日本研究学科の研究者たちに直接お目にかかり、今後の学術交流の進め方について話し合うためでした。シンガポールに着いてまず驚いたのは、地下鉄の車内案内が、英語、中国語、マレー語で放送されていることでした。大きなマーケットのあるブギス地区では、仏教寺院の観音堂とヒンドゥー教寺院のスリ・クリシュナン寺院が同じ通りに並んでいます。そこから少し足を延ばしてアラブ・ストリートに行くと、イスラム教寺院のサルタン・モスクが高く聳え立っています。このように、シンガポールはさまざまな言語と文化が共存し、交じり合っている社会です。

リム・ベンチュー氏の講演の、唐物《からもの》の神能《かみのう》における中国のイメージというテーマは、こうした多様なシンガポール社会に根差したものと思います。能における日本と中国の共存というユニークな視点は、シンガポールの研究者ならではのものです。

講演会は、青山学院大学青山キャンパス一一号館一一三九教室にて、一四〜一六時に開催されました。次々と繰り出される日本の「伝統芸能」の中の「中国」に、新鮮な驚きを感じずにはいられませんでした。その驚きを、さらに多くの方々と分かち合いたいと思い、本書を刊行いたしました。

ブギス地区に並んで立つ観音堂（手前）とスリ・クリシュナン寺院（奥）

日本研究学科のある建物

日本研究学科入り口

講師紹介

韓京子

講師のリム・ベンチュー氏を紹介いたします。リム・ベンチュー氏は現在シンガポール国立大学人文・社会科学部日本研究学科の准教授でいらっしゃいます。一九八五年にシンガポール国立大学の日本研究学科を卒業なさった後、一九八九年に同大学大学院で修士の学位を取得され、さらに、アメリカのコーネル大学大学院に進み、一九九五年に修士、一九九七年に博士の学位を取得されました。博士論文をもとに、二〇一二年に、*Another Stage: Kanze Kojirô Nobumitsu and Late Muromachi Noh*（『もう一つの舞台―観世《かんぜ》信光《のぶみつ》と室町時代後期の能』）というご著書をコーネル大学東アジアプログラムから出版されています。

一九九七年にシンガポール国立大学日本研究学科講師に就任、助教授を経て現職でいらっしゃいます。

リム・ベンチュー氏のご専門は、中世の日本の舞台芸能の能です。研究だけではなく、リム氏ご自身も以前から能の稽古をなさっています。このご講演のための日本滞在中にも、能の稽古をなさるとのことです。また、日本の伝統芸能および文学の研究にとどまらず、現代文化を含めた日本文化のさまざまな分野にも広く関心をお持ちです。カリフォルニア大学バークレー校で客員助教授を務めたり、立命館大学や法政大学などで研究プログラムに参加されたりしています。

現在リム・ベンチュー氏は、中世の能の中でも、特にその翻訳や分析、また日本の伝統芸能とデジタルテクノロジーに関するプロジェクトを進めていらっしゃいます。ご講演の能における中国のイメージに関する研究は、リム・ベンチュー氏がここ数年最も力を注いでいる研究テーマの一つです。

このご講演では、その中でも、唐物《からもの》の神能《かみのう》の『東方朔《とうぼうさく》』『西王母《せいおうぼ》』『菊慈童《きくじどう》』『鶴亀《つるかめ》』を中心に、『白楽天《はくらくてん》』も視野に入れてお話しくださいます。伝統芸能を専門とする私も授業で能の『白楽天』に触れることがありますが、学生から、「伝統芸能である能に外国人が登場するということは知らず、意外です」という意見が出たりします。〝どういう意味で、能に中国が登場するのか〟という問題を、唐物の神能に焦点を当てて考察するご講演から、中世の日本人がどのように中国を捉えていたかという興味深い問題が明らかにされることと思います。

それではご講演を賜りたいと思います。よろしくお願いいたします。

唐物の神能における唐土《もろこし》
―『東方朔』『西王母』『菊慈童』『鶴亀』をめぐって―

◉リム・ベンチュー

Ⅰ　はじめに

この講演でお話ししたいこと

能の研究者としての私には、能に魅了される理由がいくつかあります。その一つが、多様な劇中人物です。能には、神様、怨霊《おんりょう》、仙人、美人、武士、時には植物の精霊も登場します。それらの人物に関わるさまざまな面白い話を舞台上でセリフと歌舞で表現して、作品のテーマを伝えるわけです。

能に登場する人物は大体が日本人で、物語の背景も一般に日本の名所、あるいは重要な歴史事件と関連ある場所など、日本ではよく知られている所です。ところが、中国

（唐土《もろこし》）を劇の背景として、登場人物も中国人のことがあります。たいてい能に登場する中国人は、非常に有名な歴史的人物で、中国でもよく知られています。中国の話を能舞台で上演するときに、その劇の出典として、日本の中世の軍記物語、たとえば、『平家物語《へいけものがたり》』『太平記《たいへいき》』、または中国から伝来した書籍、仏典などがよく指摘されていますが、その話を能にするときに、能作者が想像を加えています。言い換えれば、中国題材の能作品を通して、中世の日本人の中国イメージを覗《のぞ》くことができるのです。

この講演でお話ししたい能作品は、一応、中国神話に登場する神仙（神様）を主人公にしている作品です。

能番組の五番立《ごばんだ》ての一番目の演目に神能《かみのう》があります。脇能《わきのう》あるいは初番目物《しょばんめもの》とも呼ばれており、祝祭的であることをその本質とします。神能の登場人物は、神や、それに類するような神力の持ち主です。神威を通して国土を祝福し、土地の豊穣《ほうじょう》豊作を祈り、さらに神社や寺院などの縁起を語るのが、神能の通常の内容です。神能で語られる物語は比較的簡単で、賑やかな太鼓物も多くなっています。物語の舞台は日本だけではなく、中国（唐土）の場合もあります。中国人を主人公とする演目は「唐物能《からもののう》」と呼びます。この講演では『東方朔《とうぼうさく》』『西王母《せいおうぼ》』『菊慈童《きくじどう》』『鶴亀《つるかめ》』の四つの唐物能をめぐって、唐土から伝来したアイデアに基づいて作成された唐物の神能が、日本中世の人々の中国観とどのように繋がるか、中世の能の作者と観客が、中国をどのように想像したかを考えます。

能とその分類

能楽《のうがく》、すなわち能と狂言《きょうげん》は、室町時代（一三三六～一五七三〈通説に拠る〉）に発展した日本の重要な伝統芸能の一つです。二〇〇八年、ユネスコによって、能と他の三つの伝統芸能、狂言、歌舞伎、文楽《ぶんらく》は世界無形《むけい》文化遺産に認定されました。

能という芸能は、時代によってさまざまな呼び方があります。「猿楽」「能本」「謡本《うたいぼん》」そして「能作品」「謡曲《ようきょく》」「能劇」などです。英語圏の研究者は、能をNoh PlayまたはNoh Textとも呼びます。しかし、これらの名称は、能の性質と特徴を一部しか表現していません。たとえば、「謡本」と言うときは、能の構成に非常に重要な一部の「謡《うた》い」のことを強調しています。「能劇」と言ったら、作品の演劇性を前提として、能に注目しています。Noh Textを使うときは、能の全般的な構成要素を総合的に表しながら、特に書かれたものとしての特徴や、文学的な特徴に重点を置いています。

つまり、能という芸能は、演劇性、音楽性、文学性、歴史性のどれもが豊かで、非常に興味深い伝統芸能です。演劇関係者たちも研究者たちも、魅せられてやまないジャンルなのです。

この講演では、唐物能の四曲『東方朔』『西王母』『菊慈童』『鶴亀』について考えます。唐物能は唐土に伝来した物語、または唐の場所か人物を題材にした能作品の総称であると言いましたが、それに加えて、四曲は全て神仙物《しんせんもの》です。ですので、「唐物の神能」という枠組みで、これらを見てみたいと思います。これらの曲の分類や、内容と表現に注目すると、中世の能作者と観客はどのように中国を想像していたかがわかります。また、これらの作品における中国のイメージは、どのように解釈するのが合理的なのでしょうか。結論を端的に言えば、四曲は全て〈帝王への長寿の祝福〉というテーマで制作されており、不老不死の願望と唐土への憧憬を強く表しています。

『東方朔』『西王母』『鶴亀』の三曲は、能の五番立ての一番目である神能（脇能）のカテゴリーに属します。能の五番立てとは、能の正式な上演番組です。江戸時代よりも前は、能を公演する際の演目数は定着していませんでした。一日の公演において、多いときは一五番以上の演目の例もあります。少ないときは、四、五番ぐらいの演目でも上演できました。江戸時代に入り、幕府は武家の正式なエンターテイメントとして能を式楽《しきがく》に定めました。一日の公演の演目は、五番と決められ、これが能を上演するときの正式な公演形式となりました。それ以来、能の演目について説明するときには、その作品が五番立ての中でどこに位置するかから始めるのが慣例となっています。

五番立てとは、演目の内容とその表現方法などによる能作品の分類法です。初番目物は脇能、あるいは神能。二番目物は修羅物《しゅらもの》で、男物《おとこもの》とも言います。三番目物は鬘物《かずらもの》、女物《おんなもの》。この三つは比較的早くから固定されてきましたが、四番目の雑能物《ざつのうもの》と五番目の切能物《きりのうもの》は幅が広く、一曲が四番目物にも五番目物にも属することが多々あります。

『能狂言辞典』と『能楽手帳』を参考にして、五番立ての代表作品とその特徴を表にしたのが**【資料一】**です。

この五番立ての演能形式は、あくまでも大雑把な分類方法でしかないことに注意する必要があります。たとえば、初番目物の神能の『老松《おいまつ》』では、老齢の男神がシテ役（主役）で、『右近《うこん》』では、若い女性の仙女がシテ役を務めています。この二曲は同じく神能物に属していますが、主人公の性質が異なっています。そのため、主人公の性質に重点を置いて、下位のカテゴリーの中にさらに分類されることもあります。『老松』は「老神物」という分類項目に含まれます。

言い換えれば、能の研究者や能の研究書、出版社によって、それぞれの曲のカテゴリーは必ずしも一致しているわけではありません。分類より重要なのは、各作品の表す内容と表現によって作品を解釈することです。

【資料一】

五番立て	特徴	演目の例
初番目物 脇能物、神能	主人公は他界にいる神仙で、出典は『古事記《こじき》』『日本書紀《にほんしょき》』など古代から伝来した神話か伝説、あるいは寺社の縁起譚《えんぎたん》である。複式夢幻能《ふくしきむげんのう》の構成が一般的で、淀みなく、爽やかな舞が通常舞われる。	高砂 老松 弓八幡 右近 呉服《くれは》
二番目物 修羅物	主に源平の武将が主人公で、戦死した亡霊が最期を語り、その死後に修羅道に落ちて苦しんでいることを語る。現行の修羅物に戦勝者を描く曲はわずか三曲しかない。複式夢幻能の構成が一般的で、戦いの勇ましさと敗戦者の悲しみを詞章と舞で表現する。	敦盛 清経 八島《やしま》 巴《ともえ》 頼政
三番目物 鬘物	若い女性が主人公で、主に恋慕や恋を語り、優美でしっとりとした詞章と舞で、幽玄美を表現する。複式夢幻能の構成が一般的で、特に亡霊になった主人公が後場《のちば》で自分の生前の姿で現れる。美しい女舞が通常舞われる。	羽衣 松風 杜若《かきつばた》 半蔀《はじとみ》 熊野《ゆや》

四番目物 雑能物	他の曲籍に入らない曲、五番立ての中で数が一番多く、四・五番目物ともいう。他の四番の演目と異なる作品を雑能物に位置づける。	隅田川 一角仙人 黒塚 船弁慶 弱法師《よろぼし》
五番目物 切能物	番組の最後に演じる能。異神、鬼女、鬼退治物が多い。テンポが速く、賑やかな曲で一日の演能番組を終わらせる。	大蛇 大江山 石橋《しゃっきょう》 善界《ぜがい》 山姥《やまんば》

II　神能と唐物の神能

神能

神能《かみのう》（脇能物《わきのうもの》）は神事芸能として、劇的な要素が比較的弱いにもかかわらず、能の中では重要な地位を占めます。祝言性《しゅうげんせい》が強くて、国土を祝福し、土地の豊穣《ほうじょう》豊作を祈り、さらに神社や寺院などの縁起《えんぎ》を語り、『古事記《こじき》』や『日本書紀《にほんしょき》』の神話や『風土記《ふどき》』に記された伝説などを用いて作品を展開します。神能は五番立《ごばんだ》ての中では一番早く成立し、公演の番組では最初に上演されます。

現行曲の中では、三九曲が神能に認定されています（『岩波講座6―能楽鑑賞案内』二三頁）。先に述べたように、神能と呼ばれているものは、その内容、登場人物、および表現形式によってもっと細かく分類できます。たとえば、舞には、仙人の舞、舞働《まいばたら》キ（笛、大鼓、小鼓、太鼓の伴奏による激しい舞）、中《ちゅう》の舞（早くもなく、ゆっくりでもない中間的な舞）、舞楽（宮廷舞楽の舞を模した荘重な舞）などの種類があり、今回考察する唐物《からもの》の神能では、舞楽の舞を舞うのが一般的です。

神能の構造

神能の物語の進行は、複式夢幻能《ふくしきむげんのう》と大体同じです。▼注 皇帝の臣下、あるいは神職が、神社や寺院の参詣をしたり、宝物を探したりなどの理由で、京都から周辺の地方へ旅に出ます。目的地で、その地方の住人に出会い、住人はその土地の話、あるいはその名物や伝説を訪問者に詳しく説明します。最後に、住人は実は自分がその物語に出てくるものの化《け》身《しん》であると、訪問者に正体を明かして、姿を消します。後場《のちば》は、住人が本体を現し、今までの物語の続きを話し、祝福の舞を舞い、賑やかな雰囲気で劇が終わります。

神能の基本構造は複式夢幻能と似ているとはいえ、やはり基本的に異なる点も指摘できます。前場《まえば》では一見普通の住人が登場して、なぜかその土地にまつわるさまざま話をして、なぜその人物が全知的な視点をとることができるのか、ということが作品のサスペンスになります。そして、後場に普段着であった人物が一転して、神様に相応《ふさわ》しい華やかな装束《しょうぞく》で再登場します。ここで強調されているのは、中心人物である神様の盛大な登場です。それは複式夢幻能の主題である、夢か現《うつつ》かという対立性よりも、神様という真の身分を表すことに重点が置かれています。

神能は他の類の演目と比べると、人情性など劇的な要素が弱いと言いましたが、曲の展開の中に全く物語が無いわけではありません。たとえば、神社や寺院の縁起を主題とする曲では、土地の神社や寺院の関係者を登場させ、その縁起を登場人物に語らせ、観客へ

▼注　複式夢幻能とは二部構成の能で、前場は中心人物（シテ）と旅人（ワキ）の会話によって、その土地と関連ある昔の出来事を再現します。その話の詳しい内容は作品のテーマによりますが、重要なのは一見ごく普通の地元の住人である中心人物が、過去の物語を語ることです。前場が終わる前に、中心人物は、「自分がその物語の主人公で、実はこの世の者ではない。旅人と約束して、夜になったらまた本来の姿で会いにくる」と言って姿を消します。後場に、中心人物は本来の身分に相応《ふさわ》しい服装で登場して、物語の続きを語り、終わりに舞を舞ってから消えていきます。

伝えます。また、『老松《おいまつ》』のように、抽象的に、統治者の「君」に長寿の祝福のことばを献上する曲の場合には、具体的な場所を九州天満宮《てんまんぐう》に設定して、劇が展開されます。

この講演で考察する能作品は、『菊慈童《きくじどう》』以外は同じ筋で、曲のテーマである長寿の祝福を謳ってから終わることに注目したいと思います。そして、『菊慈童』は、通常は神能のカテゴリーに置かれず、四番目物の雑能物《ざつのうもの》に入れられていますが、作品で扱われるのが、不老不死の霊薬と帝王への祝福だということを考えると、祝言《しゅうげん》性の強い作品です。他の三曲と並んで、能における中国のイメージをともに議論すべき曲です。

この論点を念頭に置いて、能の唐物についての説明に進みたいと思います。

世阿弥と唐事

能の大成者である世阿弥元清《ぜあみもときよ》（一三六三～一四四三）の伝書『風姿花伝《ふうしかでん》』の「第二物学条々《ものまねじょうじょう》」は、九種類の役、つまり「女」、「老人」、「直面《ひためん》」、「物狂《ものぐるい》」、「法師」、「修羅《しゅら》」、「神」、「鬼」、「唐事《からごと》」を列挙して、その性格と演技について説明しています。

九種類の役の最後に列する唐事は他の役目と比べると、明らかに相違点が多いことが分かります。他の役についての議論はもっと具体的で、その役に相応《ふさわ》しい性格と扮装について注意すべきであることを世阿弥は強調しています。ところが唐事については、次のようなコメントを残しています。

又、面《めん》をも、同じ人と申《まう》しながら、模様《もやう》の変はりたらんを着て、一体異様《いっていいやう》したるやうに、風体《ふうてい》を持つべし。［中略］なにとしても、音曲もはたらきも、唐様《からやう》という事は、まことに似せたりとも、面白《おもしろ》くもあるまじき風体なれば、ただ一模様心得んまでなり。［中略］何事《なにごと》か異様してよかるべきなれども、およそ唐様をばなにとか似すべきなれば、常《つね》の振舞《ふるまひ》に風体変はれれば、なにとなく唐《から》びたるやうによそ目に見なせば、やがてそれになるなり。

（『世阿弥　禅竹―芸の思想・道の思想』〈日本思想大系新装版、二六―二七頁〉に拠る）

この記述によると、唐のことについては、普通のことと異なっていれば十分である、という結論しかありません。すなわち、世阿弥は、唐土《もろこし》を題材とする能作品は、他の役と違って、固定的な性格を持っておらず、正確な把握と仕立《したて》または扮装は必要ないと言っています。唐事を正しく演じるためには、他の役のように一定の決まりに従うよりも、普通の演じ方と異なった演じ方をすればよいというのです。

世阿弥のもう一つの芸論『二曲三体人形図《にきょくさんたいにんぎょうず》』には、老人、女性、鬼の三つの役の性格と動き方の説明があります。「砕動風《さいどうふう》」と「力動風《りきどうふう》」という二つの項目には、鬼の絵姿が載せてあります。その一つである力動風の項は、唐冠《からかむり》（長い装飾具である纓《えい》が左右に突き出した冠）をかぶった鬼の像です。地獄に帰属する鬼の役です【図1】。世阿弥の異界観では、鬼は唐の人物像に近いと言えます。鬼のような異界にいるもの、あるいは鬼でなくても人間界に属しないもの、人間の心を持っていないものは、遠い異郷である〈唐土〉（以下、理想化された想像上の唐土については〈唐土〉と表記）にいるものと想像されたと思われます。つまり、〈唐土〉という概念は、室町時代の能役者にとっては、〝遠く、想像の枠を超えたところ〟であり、観客の関心や興味を持たせるような劇のテーマとはなっていないのです。

図1　力動風（世阿弥作『二曲三体人形図』より、法政大学能楽研究所所蔵）

「唐物」とは

ここで、「唐物《からもの》」ということばの使い方について説明しておきたいと思います。

「唐物能」というのは、その名前を見ると、大陸の中国から伝来した事柄を題材にして作られた能作品だと思うのは当然です。しかし、ときには「唐」ということばには、中国だけではなく、天竺《てんじく》（インド）も高麗《こうらい》（朝鮮半島）のことも含まれます。この場合、「唐」ということばは、地理的な概念よりも、抽象的に日本以外の文化空間のことを指し示しています。日本は奈良時代と平安時代に大陸（唐土も天竺や高麗も含めて）と正式に交流しましたが、その時期は、日本より優れた大陸文化が積極的に輸入された時期でした。

ここで分析する四曲の制作時期は、そのような大陸文化の受容期ではありませんが、『鶴亀』以外のほかの三曲は、中世の軍記物語である『太平記《たいへいき》』を典拠としています。『太平記』と中国文学との深い関わりはすでに指摘されており、『東方朔』『西王母』と『菊慈童』の話はこの『太平記』に基づいてできたわけです。

五番立てでの能の中の唐物能は、劇的な要素が強く、内容も豊かで多彩です。唐土伝来の物語などに取材した謡曲を唐物能という分類に入れるかどうかは別として、全般的に見れば、内容はバライティに富み、たとえば人間性が強烈に現れるのは四番目物か五番目物の『唐船《とうせん》』『邯鄲《かんたん》』、あるいはロマンチックで感動的なものは三番目物の『楊貴妃《ようきひ》』『昭君《しょうくん》』、劇的で舞働《まいばたら》キに重点を置いた『皇帝』『項羽《こうう》』など多彩な演目を挙げることができます。

現行の二五〇曲の中の、五番立ての唐物能、または中国モチーフの能作品をまとめたのが

【資料二】です。

【資料二】

曲名	五番立て	作者	設定	登場人物
合浦《かっぽ》	四・五番目物	不明	唐の合浦	童子（前ジテ） 鮫人《こうじん》（後ジテ） 里人（ワキ）
邯鄲《かんたん》	四番目物	不明	邯鄲の里	盧生《ろせい》（シテ） 勅使《ちょくし》（ワキ） 舞童（子方）
咸陽宮《かんようきゅう》	四番目物	不明	咸陽宮	秦始皇帝（シテ） 荊軻《けいか》（ワキ） 秦舞陽《しんぶよう》（ワキヅレ） 花陽夫人（ツレ）
項羽《こうう》	五番目物	不明	唐土の烏江《うこう》	老人（前ジテ） 項羽の霊（後ジテ） 草刈男（ワキ）

皇帝	四・五番目物	観世小次郎信光《かんぜこじろうのぶみつ》（一四五〇？—一五一六）	玄宗皇帝の後宮	老人（前ジテ） 鍾馗《しょうき》の霊（後ジテ） 玄宗《げんそう》皇帝（ワキ） 楊貴妃（子方） 病鬼（後ヅレ）
三笑《さんしょう》i	四番目物	不明	廬山《ろざん》麓	慧遠禅師《えおんぜんじ》（シテ） 陶淵明（ツレ） 陸修静《りくしゅうせい》（ツレ）
石橋《しゃっきょう》	五番目物	不明	唐土の清涼山《せいりょうざん》	童子（前ジテ） 獅子（後ジテ） 寂昭法師《じゃくしょうほうし》（ワキ）
鍾馗《しょうき》	五番目物	金春禅竹《こんぱるぜんちく》（一四〇五—一四〇七？）	唐土の終南山《しゅうなんざん》	裏人（前ジテ） 鍾馗の霊（後ジテ） 旅人（ワキ）

昭君《しょうくん》	五番目物	不明	昭君の故郷	昭君の老父（前ジテ） 呼韓邪単于《こかんやぜんう》（後ジテ） 昭君の霊（子方またはツレ） 里の男（ワキ）
猩々《しょうじょう》	五番目物	不明	唐土の揚子《ようず》の里	猩々（シテ） 高風《こうふう》（ワキ）
西王母《せいおうぼ》	初番目物	不明	周の穆王の宮殿	仙女（前ジテ） 西王母（後ジテ） 周の穆王《ぼくおう》（ワキ）
張良《ちょうりょう》	四・五番目物	観世小次郎信光		尉《じょう》（前ジテ） 黄石公《こうせきこう》（後ジテ） 張良（ワキ） 龍神（ツレ）
鶴亀《つるかめ》（月宮殿《げっきゅうでん》）	初番目物	不明	唐の玄宗の月宮殿	皇帝（シテ） 大臣（ワキ） 鶴（ツレ） 亀（ツレ）

天鼓《てんこ》	四番目物	不明	帝王の宮殿	天鼓の父（前ジテ） 天鼓（後ジテ） 勅使（ワキ）
唐船《とうせん》ii	四番目物	不明	九州箱崎	祖慶官人《そけいかんにん》（シテ） 箱崎の何某（ワキ） 唐の子（子方） 日本の子（子方）
東方朔《とうぼうさく》	初番目物	金春禅鳳《こんぱるぜんぽう》（一四五四―一五三二？）	漢の武帝の宮殿	老人（前ジテ） 東方朔（後ジテ） 漢の武帝《ぶてい》（ワキ） 西王母（後ヅレ）
白楽天《はくらくてん》iii	初番目物	不明	筑紫《つくし》の海	漁翁（前ジテ） 住吉明神《すみよしみょうじん》（後ジテ） 白楽天（ワキ）
芭蕉	三番目物	金春禅竹	楚《そ》国の瀟水《しょうすい》	里の女（前ジテ） 芭蕉の精（後ジテ） 山居の僧（ワキ）

彭《ほう》祖《そ》	四番目物	不明	酈《れっ》県《けん》山《ざん》	仙人（前ジテ） 彭祖（後ジテ） 大臣（ワキ）
菊慈童《きくじどう》（枕慈童）	四番目物	不明	酈県山	慈童（シテ） 勅使（ワキ）
楊貴妃《ようきひ》	三番目物	金春禅竹	蓬莱宮	楊貴妃の霊（シテ） 方士（ワキ）
龍《りょう》虎《こ》	五番目物	観世小次郎信光	唐土のある山	木樵の老人（前ジテ） 虎（後ジテ） 木樵の男（前ヅレ） 龍（後ヅレ） 入唐僧（ワキ）

i　この曲はワキ役はない。

ii　この曲の設定は九州の箱崎であるが、唐物能に分類される理由は不明。

iii　この曲の設定は九州の海上であり、唐物能に分類されていないが、中心人物と作品テーマは唐土に集中するので、唐物能の項に入れる。

この表は、『岩波講座6——能楽鑑賞案内』、天野文雄氏『能楽手帖』、『新版 能・狂言辞典』

を参照して作成したものです。表に列挙した曲の本説（典拠）は皆唐物ですが、二つの特徴が指摘できます。まず、三つの参考文献における、能作品の曲籍、つまりその分類が完全に一致しないことです。また、現行曲の唐物能には、二番目物の修羅物に置かれる作品がないことです。

III　作品分析

さて、この講演で中心的に分析したい能作品は、『東方朔《とうぼうさく》』『西王母《せいおうぼ》』『鶴亀《つるかめ》』と『菊慈童《きくじどう》』の四曲です。これらの作品は、いずれも帝王へ、長寿の祝福をしていることに注目したいと思います。

『菊慈童』以外の三曲の場の設定は、全て〈唐土《もろこし》〉の帝王の宮廷です。作品のストーリーは極めて単純で、先に述べたような典型的な神能《かみのう》のストーリーではなくて、むしろ視覚的な側面を強調しています。ストーリーよりもパフォーマンスに集中し、人物造形や舞や舞台などによって神能の祝言《しゅうげん》的な実質を伝えるものとなっています。

『東方朔』『西王母』『菊慈童』の三曲は、二段複式能ですが、作品の構成は他の神能より簡略です。劇の進みも明快で、テンポの早いことが、共通の特色です。

『東方朔』『西王母』

『東方朔』は、室町時代の能作者・金春禅鳳《こんぱるぜんぽう》（一四五四〜一五三二？）の作品です。その内容は次のとおりです。

漢の武帝《ぶてい》の官人（アイ（＝狂言））は、武帝の仁政によって、奇瑞《きずい》の三足の青い鳥が宮中を飛び回っているのを見つけます。ちょうどその日は、七月七日の七夕《たなばた》で、臣下たち（ワキツレ）は、宮殿の承華殿《しょうかでん》に集まって、節会《せちえ》を行うことを宣言します。臣下たちは武帝（ワキ）の徳政を褒め、見事な宮殿を喜見城《きけんじょう》（須弥山《しゅみせん》にある帝釈《たいしゃく》天《てん》の居城で、天人たちが遊び戯れる楽園）より楽しいところだと称《たた》えます。そこに、誰も知らない老翁《ろうおう》（シテ）が急に姿を現し、三足の青い鳥は、実は西王母が寵愛《ちょうあい》する鳥で、殿上に飛び回るのは、西王母の到来の予兆だと武帝に説明します。

さらに老翁は、仙境には大勢の仙人たちがいるけれども、人間界とは完全に区別して、交際しないと言います。西王母は仙郷にいる仙人たちの一員でありながら、西方極楽の阿弥陀仏の化身《けしん》であり、三千年に一度花が咲く、貴重な不老不死の仙薬である桃を武帝へ捧げにくることも伝えます。そして、老翁は、自分も実は仙人で、東方朔であると名を明かして、姿を消します。
後場《のちば》では、まず東方朔が登場し、自分は西王母の仙桃《せんとう》を食べてから九千歳になったと言って、次に西王母を呼びます。青い鳥を伴った西王母は、光り輝く服装で斑龍《はんりゅう》（まだら模様の龍）に乗って帝王の前に現れ、仙桃を帝王に捧げます。そして、西王母は東方朔とめでたく連れ立って舞った後、帝王の御前から退出します。帝王が名残を惜しんで引き留めたところ、二人は再び参内し、その後、西王母はまた斑龍に乗って帰ってゆきます。

『東方朔』の類曲にあたる『西王母』のあらすじは、『東方朔』と大同小異です。どちらも二段構成の複式夢幻能《ふくしきむげんのう》の構成となっていますが、『西王母』のほうはもっと簡単で、作品の焦点は、後場の西王母の華やかな登場とその優美な中の舞《ちゅうのまい》に置かれています。そのあらすじは以下のとおりです。

『西王母』の前場《まえば》では、最初に官人（アイ（＝狂言））が登場して、自分は中国古代の賢王《けんおう》・周の穆王《ぼくおう》に仕える者で、穆王は、天竺にある霊鷲山《りょうじゅせん》へ招かれ、仏から仏典の普門品《ふもんぼん》（『観音経』）の二句の偈《げ》（仏を讃美する詩句）をもらったと言います。官人による紹介が済むと、穆王（ワキ）と百官が登場し、御代の恵みを讃美して、この御代は喜見城に喩えられるほど楽しい時代であると言います。そこに、西王母が若い女の姿で殿上に現れて、帝王の仁政のために世の中の人間も草木も至福に至り、三千年に一度結実する仙薬の桃の話を帝王に聞かせ、自分はこれから本体を現して、桃の実を献上すると伝え、退場します。

後場には糸竹呂律《しちくりょりつ》（さまざまな楽器による音楽）が鳴り響き、西王母の寵愛する三足の青い鳥と、その他のめでたい鳥、たとえば孔雀《くじゃく》、鳳凰《ほうおう》、迦陵頻伽《かりょうびんが》などが飛び回り、素晴らしい鳴き声を立てる中、西王母は殿上に降り立ちます。西王母は、妙《たえ》な

『西王母』© 大島能楽堂

る衣装を身につけ、剣を腰にさげ、帝王に桃と酒盃を捧げて、優美な中の舞を舞って御代を慶賀したのち、天上に帰ります。

『東方朔』と『西王母』の内容は、仙界にいる仙人が不老不死の仙桃を賢明な帝王へ捧げることを通じて、帝王の長寿を慶賀する、というものです。これらが祝言能としての役割を果たしていることは明らかです。しかし、日本を背景とする他の神能と比べると、劇的な要素がほとんどないことが注目されます。両曲とも、むしろ賢王の徳政によって、宮殿には宝物が並び、伝説の楽園の喜見城のような、人間も草木も栄え楽しい日々を過ごすことを語ります。

『鶴亀』

『東方朔』と『西王母』のような不老不死を題材とする唐物の神能には、もう一曲『鶴亀』があります。この作品は、現行曲の中でも一番詞章が短い一段劇能です。正月の祝いのために作られた祝言能で、具体的な物語はありません。吉祥で長寿を象徴する鶴と亀の相舞《あいまい》と皇帝の楽舞の賑やかで、正月の祭事に相応《ふさわ》しい演目となっています。曲の場所は、『東方朔』と『西王母』と同じように帝王の宮殿です。

最初に官人（アイ（＝狂言））が登場して、唐の玄宗《げんそう》皇帝（シテ）が月宮殿《げっきゅうでん》で節会を催し、正月を慶賀することになったと触れてまわります。殿上人たち（ワキ、ワキツレ）は、皇帝の徳政によって、鶴と亀がいる宮殿の池の汀《みぎわ》とその周辺は、華やかで宝物がたくさん並び、殿上はまるで伝説の蓬莱山《ほうらいさん》のようだと称えます。そこに、宮殿に住む鶴と亀（ツレ）が現れ、「一千年の齢《よはひ》を君《きみ》に授け奉《たてまつ》り」という詞章で連れ立って舞います。そして、玄宗皇帝も、殿上人の奏する「霓裳羽衣《げいしょううい》」の曲（「霓裳羽衣」は女性の美しい衣。玄宗皇帝が楊貴妃《ようきひ》のために「霓裳羽衣」の曲を作ったとされる）に合わせて舞を舞います。月宮殿は楽しい舞楽の時となり、「山河草木国土豊《さんがそうもくこくどゆた》かに千《ち》代万代《よよろづよ》」と玄宗の長寿を祝福して曲が終わります。

『鶴亀』は、平安時代末から室町時代にかけて流行《はや》った、前代の「延年《えんねん》の大風流《おおふりゅう》」（寺院の法会《ほうえ》の後で行われた芸能。「大風流」はその中でも大がかりな作り物を用いるものを言う）の影響を受けていることが、研究者によってしばしば指摘されています。言い換えれば、『鶴亀』の原型は、より早い時代にでき、作られた時の〈唐土〉に対する観念が室町期に入ってからの観念と違うことは当然のことだと思います。「延年の大風流」の時代の〈唐土〉は、実際にある具体的な唐（中国）を示すというよりも、その形、あるいは表象を通じて、ユートピアとしての〈唐土〉への憧れを表現しているのです。

『東方朔』『西王母』『鶴亀』の共通点

この三曲にはいくつかの共通点があります。

まず、三曲の舞台となっているのが、帝王の宮殿であることです。また、物語の内容は抽象的で、劇的な要素は希薄です。そして、唐土の有名な帝王を主人公にしていますが、本来の歴史の事実を変更しています。しかも、歴史的人物とその理想的な政治を表現するための詞章は、中国の古典籍だけではなく日本の和歌集なども引用しています。主人公である歴史的人物は、特定の個人というよりも、一般的な賢王となっています。最後に、三曲とも神仙界にいる霊獣と植物が登場するということも指摘したいと思います。

先ほど神能について説明するときに、神能の本質は祝祭的であるが、その基本的な構成は複式夢幻能であり、劇的な要素が強くなくても、何らかの具体的で、めでたい物事が作品の基礎となっており、土地か寺社についての物語を語るものとなっていると説明しました。

ところが今見た唐物の神能には、そのような基本構造が欠けています。三曲の設定は、全て中国の有名な賢王の宮殿で、楽しくて賑やかな節会が行われ、そこで臣下たちが中国の古典籍などを引用して、賢王の徳政を褒め、同時に宮殿の豪華なありさまも謳って、極楽のような世界を表現するというものになっています。たとえば、『鶴亀』では、月宮殿を、

庭の砂《いさご》は金銀の、庭の砂は金銀の、玉を連ねて敷妙《しきたへ》の、五百重《いほへ》の錦《にしき》や瑠璃《るり》の枢《とぼそ》、硨磲《しやこ》の行桁瑪瑙《ゆきげためなう》の橋、池の汀《みぎは》の鶴亀は、蓬莱山《ほうらいさん》もよそならず、君の恵《めぐ》みぞ有難き。

と讃美します。

『東方朔』と『西王母』では、宮殿を喜見城に喩えて讃美し、『鶴亀』では、華美な宮殿が仙人の住む仙郷に等しいところだと述べます。統治者の徳政によって、仙人が仙薬の桃を捧げたり、長寿の鶴と亀が楽しんで舞楽をしたりすることは、三曲の世界が、理想的な想像世界に過ぎないことを示唆しているように思います。ここで提示されている〈唐土〉への認識（あるいは「非認識」と言ってもよいかもしれません）はポジティブであるけれども、朦朧とした輪郭しかないこともわかります。

日本を主題とする他の神能と違って、唐土について具体的に語らない理由は、「他者」である唐土に対して認識も不足しており、また、説明の必要もなかったからなのでしょう。

「他者」ですから、〈唐土〉は神秘的な威力を持っています。神能の本質は祝言的、祝祭的なことにあるので、この三曲は神能として一番大事な、祝言という役目を果たしていると考えられたのだと思います。

その「他者」としての個性を表現するために、中国の神仙伝説や中国古代の書物の詞章などを引用して――たとえば、『西王母』では「三皇五帝」や「糸竹呂律」、『東方朔』では「三足の青い鳥」や「五日の風や十日の雨」など――、エキゾチックな雰囲気を作り上げているわけです。

『東方朔』も『西王母』も、中国の伝説である西王母の園の、不老不死の仙薬である三千年《みちとせ》の桃の木のことを語っていました。繰り返しますが、そこで描かれた〈唐土〉は架空の理想世界に過ぎません。『東方朔』で、仙郷には仙人が大勢いるけれども、人間界とは交際しないと言っていたことは、中世の日本人にとって、その仙郷のようなユートピアとしての〈唐土〉が到底近づくことのできないところであったことを示しています。〈唐土〉の住民は皆神仙のような生活をしており、まさに憧れの対象であったのです。

『菊慈童』について

今まで論じてきた三曲は、祝言性の強い曲でした。ここからは『菊慈童』を取り上げて、先の三曲と比較したいと思います。

『菊慈童』は一般には四番目物とされていますが、この曲の主題は不老不死の仙薬です。まず簡略に紹介します。『菊慈童』の別名は「枕慈童」で、観世流《かんぜりゅう》、宝生流《ほうしょうりゅう》、金春流《こんぱるりゅう》、金剛流《こんごうりゅう》、喜多流《きたりゅう》という今の能楽五流では、観世流だけが「菊慈童」という曲名を使い、他の流派は全て「枕慈童《まくらじどう》」と呼んでいます。

『枕慈童』© 大島能楽堂

『菊慈童』の主人公は慈童という童顔をしている七百歳の老翁です。ある日、魏《ぎ》の文帝《ぶんてい》の勅使《ちょくし》が、酈県山《れっけんざん》で湧き出した霊妙な薬の水について調べるために、慈童が住む酈県山にやってきます。勅使は慈童に出会い、慈童はその長寿の理由と酈県山に住むようになった事情を話します。慈童は、その昔、周の穆王《ぼくおう》に仕えた者で、穆王の枕を跨《また》いだ罪で、酈県山に流されたのでした。酈県山で慈童は、『法華経《ほけきょう》』の偈を書き写した菊の葉から滴《したた》る霊水を、毎日飲むようになり、不老不死の仙人になった、と言います。慈童はその話を終えてから、『法華経』の偈の徳《とく》を讃えて、賑やかに楽しい舞楽を舞い、皇帝の長寿を祝福します。

『菊慈童』には、実はこのあらすじの前の話があります。しかし、上演されるときには、その前半は省略されることが多く、勅使が慈童に会った段から上演するのが慣例となっています。前半では、慈童が、周の穆王の枕を跨ぐ重罪を犯し、罪一等を減じて流罪とされ、穆王の形見の枕を抱きしめながら、酈県山へ向かいます。慈童に付き添ってきた官人は、童子が酈県山に入ると、酈県山への橋を切り落とし、都に帰ってしまいます。この前半を省略することによって、穆王が慈童に下した処罰の過酷さを後退させ、むしろその追放によって、予想外に、慈童が不老不死の仙人になることができたという良い結果と、霊薬の神妙な役目に焦点を当てているのです。

『白楽天』における唐土

今まで論じてきたように、四つの能作品に共通する主題は、帝王に対する不老不死の祝福、または長寿のための霊薬を捧げることです。

確かに、唐物の神能にはこのような神仙譚が多いのですが、別の趣向を示す初番目物《しょばんめもの》もあります。それが、『白楽天《はくらくてん》』という曲です。

唐朝の詩人で、日本でもよく知られた白楽天を主人公とするこの曲の設定は、唐土ではなく、日本の九州の筑紫《つくし》（今の福岡県）の海上です。日本の知力を試せという、唐の皇帝の勅旨《ちょくし》で、白楽天が日本に渡り、和歌の神である住吉明神《すみよしみょうじん》の文学の力に打ち負かされる、というのがあらすじです。この曲は神能にされているにもかかわらず、配役と曲の構成が他の多くの神能とはかなり違っています。作者も話の典拠も不明ですが、唐の白楽天が日本の神々に挑戦して、結局唐へ追い返される、という興味深い展開になっています。

『白楽天』は神能を議論する際に、注目されることが多い作品です。いわゆる外来侵略への日本の抵抗を作品のテーマにしていることや、それが室町時代の政治状況と繋がっていることが議論されていることを面白く思っています。その政治的な寓意は別として、こ

『白楽天』（月岡耕漁画『能楽図絵』より、立命館大学 ARC 所蔵）

の作品が表す唐土への想像およびイメージはどうでしょう。

『白楽天』は確かに今まで論じてきた四つの作品とは異なる点が多くあります。

『白楽天』の人物と場面設定は具体的であり、実際の歴史人物や地理的位置などを踏まえて描かれています。白楽天は唐土の代表的な詩人で、日本の文学史の上でも極めて重要な地位を占めることを念頭においてこの能作品の内容を考えると、作品の面白さが理解できると思います。

曲の最終場面の、白楽天が住吉明神に負けて、日本の神々による神風で唐土へ吹き戻されるという話の筋は、白楽天が日本の神々と比べられないことを明確に表現するものです。言い換えれば、この曲ができた時には、前に述べた四曲が作られた時代と違ってきて、唐土に対する観念も、神秘的で、神威を持っていて、不老不死の威力の持ち主というよりも、外来勢力の代表にすぎないものとなってしまったようです。

IV 終わりに

唐物《からもの》の能作品について、今まで論じてきたことを要約します。

『東方朔《とうぼうさく》』『西王母《せいおうぼ》』『鶴亀《つるかめ》』は祝言性《しゅうげん》が強く、カラフルで賑やかな能作品です。作品の設定はどれも古代中国の有名な帝王の宮殿で、節会《せちえ》または季節の宮廷行事などを行う時です。そこに登場する人物も庶民ではなく、朝廷の大臣、あるいは仙郷にいる仙人と霊獣たちです。

これらの唐物の神能《かみのう》は、日本を設定とした神能と比べると、出典や縁起を語らず、作品の構造も話の展開も簡単です。『東方朔』も『西王母』も三千年ごとに実ができる神妙の桃について語るだけです。三曲に『菊慈童《きくじどう》』を加えた四曲に表された〈唐土《もろこし》〉という概念は、朦朧としており、理想的な仙郷のようなところです。曲の場面設定は具体的なロケーションではないので、国土を祝福することも土地の豊穣《ほうじょう》豊作を祈ることもありません。その理想的な地は、普通の庶民の居場所ではありません。そこにいる統治者の帝王も、大昔の賢王で、実感が希薄です。

実はこのような〈唐土《もろこし》〉は、日本が中国と関わり始めた初期の中国のイメージと言えます。つまり、それは、遣隋使や遣唐使などが日本に渡来した時の中国像だったと思います。その当時の日本は、大陸文化に魅せられ、中国からの舶来品だけではなく、宗教、政治、文学などの文化も学んでいました。その時の中国は、いわば理想的な世界であり、不老不死という不可能なことさえ実現できる不思議なところという印象を与えていました。

この講演では、唐物の神能を、中世の日本人の唐土認識を表現するものとして論じてきました。最後にもう一つの視点から、今まで見てきた四曲、特に『東方朔』と『菊慈童』における仏教の引用について言及したいと思います。

『東方朔』も『西王母』も喜見城《きけんじょう》を極楽の比喩として使いますし、『東方朔』では、西王母が阿弥陀仏の化現《けげん》であるという極端的な喩《たと》えをし、『菊慈童』の場合は、慈童の長寿のきっかけは仏典の偈《げ》を写すことにあったとするなど、仏教の要素と唐土の神仙譚とが混ざり合っています。このような興味深いあり方は、日本の中世にすでに盛んであった本地《ほんじ》垂迹《すいじゃく》の思想（仏が人々を救うために仮に神の姿をとって現れたと見る神仏同体説）と関わりがあることは確かです。つまり中国の神仙たちは日本の神様のように、実は仏様の化身とされている、と理解することができます。

それゆえ、その初期の〈唐土〉のイメージと、『白楽天』に表れる唐土との間には興味深い違いが見えるのです。やはり能作品を理解するためには、その時代背景を考えることが必要です。

参考文献

・天野文雄『能楽手帖』角川ソフィア文庫、角川書店、一九九九年
・小田幸子「世阿弥の祝言能」『芸能史研究』八〇号、二五―三八頁、一九八三年
・表章、加藤周一校註『世阿弥・禅竹―芸の思想・道の思想』日本思想大系新装版、岩波書店、一九七四年、一九九五年（新装版）
・久米邦武「謡曲白楽天は傑作なり―雄大なる対外思想と応永の外寇」『能楽』一四巻一月号、一八―三〇頁、一九五六年
・小山弘志、佐藤健一郎校註・訳『謡曲集』一、新編日本古典文学全集五八、小学館、一九九七年
・佐成謙太郎『謡曲大観』第三巻、第四巻、明治書院、一九六四年
・スーザン・ブレークリー・クライン著、荒木浩編訳「政治的寓意としての能―「白楽天」をめぐって」『大阪大学大学院文学研究科紀要』五〇巻、二九―六八頁、二〇一〇年
・長尾晃雄「五番立の成立―主として演能記録から」『芸能史研究』一三号、一三―二四頁、

一九六六年
・西野春雄、羽田昶『能狂言事典』平凡社、一九九九年、『新版 能狂言辞典』平凡社、二〇一一年
・西原大輔『室町時代の日明外交と能狂言』笠間書院、二〇二一年
・能勢朝次『能楽源流考』岩波書店、一九七二年
・林望「菊慈童と罪」『観世』二〇〇七年七月号、四一—四五頁
・増田欣「太平記における漢楚の故事—史記との比較文学的考察」『国文学攷』（広島大学国語国文学会）第二二号、一—一二頁、一九五九年一〇月
・横道万里雄、表章校註『謡曲集』下、日本古典文学大系四一、岩波書店、一九七一年
・渡辺信幸「神能の変遷過程における改変の諸相」『中世文学』三八巻、七四—八四頁、一九九三年
・Looser, Thomas D. *Visioning Eternity: aesthetics, politics, and history in the early modern Noh theatre.* Ithaca, New York, East Asia Program, Cornell University, 2008
・Fabio Rambelli, Mark Teeuwen ed., *Buddhas and Kami in Japan – Honji Suijaku as a combinatory paradigm,* London: Routledge, 2002
DOI: https://doi-org.libproxy1.nus.edu.sg/10.4324/9780203220252
・Yip, Leo Shingchi. *China reinterpreted: staging the other in Muromachi noh theatre.* Ann Arbor, Michigan. Lanham: Lexington Books, 2016

講演を聴いて――コメントとレスポンス

■コメント（滝澤みか）

滝澤　ただいまご紹介にあずかりました青山学院大学の滝澤と申します。宜しくお願いいたします。リムさん、本日は大変貴重なご講演、誠にありがとうございました。

ご講演は、能の歴史や神能《かみのう》の特徴、そして『風姿花伝《ふうしかでん》』における唐物能《からもののう》の記述を解説いただいた上で具体的な作品分析に移られ、『東方朔《とうぼうさく》』『西王母《せいおうぼ》』『菊慈童《きくじどう》』『鶴亀《つるかめ》』という四つの作品を中心に、他の作品とも比較しながら、唐物の神能における中国の描き方やイメージがどのように変わっていくのかを探究する内容であったかと存じます。

ご講演の中、特に印象に残ったのは、作品が形成されていた時代に触れていらっしゃる点でした。たとえば、『東方朔』『西王母』『鶴亀』のいずれにおいても、内容の祝言《しゅうげん》性が高いという共通点に着目されつつ、これらの作品から見出せる中国のイメージはとても抽象的なものであり、物語が何か展開されるということではない、という分析をされていました。すなわち、作品から読み取ることの出来る唐土《もろこし》（中国）は良いイメージで書かれはするものの、その一方で具体的な事象は語られることはなく、このような唐物の神能の特性が見える理由を探るに当たって、リムさんは作品が形成されていく時代にも着目されていました。

まず『東方朔』『西王母』『鶴亀』という三つの曲の原型は早くから存在していて、その当時における唐土への憧れというものが作品に反映されているのではないか、つまり唐土への憧れがあるからこそ、不老不死のような理想的な世界というものが示されているのではないか、というご指摘をされていました。他方で、比較対象として挙げていた『白楽天《はくらくてん》』から読み取ることの出来る唐土のイメージは、『東方朔』『西王母』『鶴亀』に見られるそれとはずれがあるのではないかと分析し、その理由として、室町時代の日本における中国に対する認識を考えると、あくまで外来勢力の一つとして中国を捉えているのではないかという結論を出されていました。成立した時代にも関わらせながら、そのイメージの変化・変遷について考えていらした点、とても面白く伺いました。

以上のご指摘は、作品が形成された時代によって他国をどのように捉えるのか、つまり他国意識というものがいかに移り変わっていくのかという問題として伺いました。ひいてはそれは、自分たちの国をどのように捉えているのかという、自国意識の変化にも最終的には関わる問題でもあり、能の研究に留まらない課題に繋がっていく可能性を感じました。

さらにこちらから質問させていただきたい点を挙げますと、まず一つ目として、先ほどのコメントと関わる点として、リムさんは『白楽天』における唐土の書き方が変わっているのは、中国の存在が一外来勢力となったことを理由に挙げられていましたが、そのように認識が変わるきっかけとして、たとえば現実で起きた出来事がそうした認識の変化に影響を与えたと考えられるのかどうか、そして実際に同時代の室町時代の史料などから、中国は外来勢力の一つという認識が多く見られるようになっていくという事例は確認できるのかどうか、伺えればと思います。つまり認識の変化が起こっているのであるならば、その背景としてどのようなことが要因として考えられるのかを教えていただければ幸いです。

リム　まずは滝澤さんの「自国意識の変化」のコメントについて、実に共感しています。能の研究はいろいろな方向から進められていますが、作品の設定が日本以外のところの場合、その「他人」(others)である外国を表現しながら日本の自国意識も同時に表現されています。というのは、「他人」は「私自身」(self)と一見対立するけれども、「私自身」がいなければ「他人」も成立できないのです。『白楽天』や他の唐物能を見たら、日本あるいは日本人への批判か、感想などといった反応が見えると思います。

おそらくそれらの能作品の中に、中国を外来勢力の代表として描く作品は、あまりないのではないかと思います。もちろん二つの勢力(パワー)との争いを描く能の作品がないのではありません。たとえば『善界《ぜがい》』という作品には、天狗《てんぐ》と、仏教を代表するお坊さんとの戦いを、『一角仙人《いっかくせんにん》』という作品は、一角仙人という意地悪い仙人と龍神との争いが描かれています。唐とは直接的な関わりはありませんが、仏教や神道の争いなどです。

そして、室町時代には中国に対する認識は権力者の政治立場によって変わることは確かです。たとえば、足利義満は中国の明朝に貢いで友好関係を成立させる外交手段を使いましたが、その後継者の義持は違う方針を持ち、外交方策も変わりました。それに、中国の明の時代にも国内政治が激しく変化しているので、その国際的な地位も影響を受けたと思います。なので、能は幕府・政府側の好みで作られたものという研究者もいますが、幕府・政府は能の唯一の支援者ではないので、全ての能作品を幕府・政府のために作ったというものではありません。そうすると、唐物能が全て、中国は外来勢力で、対立的なものとして描いているわけでもないと思います。たとえば『唐船《とうせん》』という能作品には、中国人である祖慶官人《そけいかんにん》は日本に何年間も滞在させられ、子供まで出来たけれども、ある日、中国の子供も日本にやって来て、中国の子供と一緒に帰るか、日本の子供のために日本にいるかという巨大な難題に直面しました。ここは両国の対立を別の方法で表現して、物語を観客に提示するわけです。

滝澤　ありがとうございます。今触れられていた『白楽天』ですが、この作品における、知恵を測るために白楽天が日本に来るという展開自体もとても面白く思いました。日本側の知恵の一端は作中の和歌を通しても示されていますが、こうした展開の中にも自国・他国の「知」をどのように考え、世界の中で自分たちをいかに位置付けているのかが垣間見え、中国・唐土へのイメージのみならず、当時の日本の捉え方も知ることの出来る作品になっているかと思いますので、その点でも興味深い作品であると感じました。

二つ目の質問は、唐物の神能が演じられる際の装束《しょうぞく》のことになります。リムさんはご講演中、『風姿花伝』の世阿弥《ぜあみ》の記述を見ると、唐物の神能において正確な仕立《したて》はないと考えられる、というお話をしてくださいました。たとえばそれでも、選ばれやすい装束の傾向というものがあるでしょうか。つまり、観客の人々が舞台を見ていて、唐物の神能としてすぐに認識できる視覚的な要素というものはあるのかどうか、気になりました。ご講演の中で、中国に関わる用語をたくさん使うことによって、各作品の中で唐土の雰囲気を出しているというご指摘もあったかと思います。それとの繋がりで、では視覚的な部分では、正確な仕立自体は無くとも、選ばれやすい装束や、あるいは瞬時に唐土であることが分かりそうな装束、もしくはそうした舞台装置があるのかどうか、教えていただければと思います。

リム　装束ではあまり見分けがつかず、おそらく一番重要なのは冠です。冠はまず一番わかりやすい装束で、あとは唐織《からおり》という特別な模様と唐団扇《とううちわ》を使う時もあります。ただし、能はいわゆるミニマリストな劇ですので、舞台装置の作り物なども抽象的なものが多く、その劇の背景に視覚的なヒントがあまりないことは確かです。

滝澤　冠が特徴的なのですね。その一方、舞台装置には特徴は見出せないとのこと、お答えいただきましてありがとうございました。

司会（韓）　滝澤さんありがとうございました。面白い視点からのコメントをいただきましたが、二点目の質問の装束の話は、私も授業で、歌舞伎や人形浄瑠璃の中で、中国など外国の人たちをどのように視覚化するかについて、扱うことがあります。いかにも中国、異国の人物という感じを出すため、歌舞伎だと、「ピントコ」という襞《ひだ》のついた襟を使ったりすることがあります。実際の中国や朝鮮の衣装ではありません。それはヨーロッパの南蛮貿易のときに訪れた人たちの衣服をもって、中国風だというように表現していたものです。私も能の『白楽天』を見ていると、どこが中国風なんだろうと思っていたので、滝澤さんのコメントを非常に興味深く聞いておりました。能『白楽天』では、白楽天より住《すみ》吉明神《よしみょうじん》のほうが主人公のようで、舞を舞うときも住吉明神が舞ったりするので、そのほかの神能とは違っているという印象もあります。

リム　そうですね。能の一つの面白い特色は役種だと思います。能における役は、シテ、ワキ、アイ、子方《こかた》、シテヅレ、ワキツレなどありまして、シテ方とワキ方は一番基本的な役名で、その二つの役により劇が進みます。シテ方は主役で、能の終わりに舞を舞うのはいつもシテ方です。『白楽天』の場合は、確かに主人公は白楽天よりも住吉明神ですね。

司会（韓） それでは、質疑応答に移りたいと思います。

■会場からの質問への解答①

＊会場の日本文学科の教員からの質問とリム氏の回答を記します。

小松靖彦 青山学院大学の小松です。今の滝澤さんの『白楽天』の件ですが、日本と中国の関係を、日本の古典や近代文学まで含めて見ていくと、常に憧れと反発の両方があるように思います。中国に対して非常に憧れる部分がある一方で、むしろ日本のほうが素晴らしいではないか、ということも言い出す。後者の、素晴らしいと言い出すのが、日本と中国の関係が流動化してくる時という印象を受けています。

『白楽天』と、一二世紀末から一三世紀初めの『吉備大臣入唐絵巻《きびだいじんにっとうえまき》』はちょうど裏表の関係にあるように思いました。『吉備大臣入唐絵巻』では吉備真備《きびのまきび》が中国に行って大活躍し、『白楽天』では、逆に白楽天が日本にやってくる、でも、最終的には住吉明神に打ち負かされてしまう。そういうところに、成立の問題だけにとどまらない、中国への憧れと反発の問題があるのではないかと感じました。

おかしいのは、どうして李白、杜甫ではなく、白楽天なんだろうということです。これがとても面白い。このことについてリムさんのコメントをいただきたいと思います。

そして、憧れということついて言うと、不老長寿であるということが重要でしたが、これは日本の天皇に対するものではなく、中国の皇帝に対するものでした。どうしてこのように、不老長寿を取り込むときに、中国のものでなくてはいけなかったのか。逆に言えば、日本の宗教をふりかえってみると、道教は広まらず仙人は日本の歴史のなかにはほとんど登場しません。道教が根付かなかったことと、中国の神仙への憧れが関係するように思います。

憧れと反発の対象が、なぜ白楽天なんだろうか、ということと、なぜこの不老不死という形で、中国のものを取り込もうとしたのかという点がお聞きしたいことです。

リム　ご質問ありがとうございます。『白楽天』の作品の研究はたくさんあります。最近ですと、西原大輔氏の研究の中で、白楽天について言及されています。白楽天は日本で有名かつ人気な詩人なのになぜ反発の対象になったか。西原氏によると、『白楽天』という作品ができたのは、おそらく室町時代の足利義満の後継者・義持の時代だった。その作品が作られた際に、統治者である室町幕府に対して、日本は強いんだということを表したかった、ということだそうです。なので、その作品の中で室町期の武力を、住吉明神に代表させることにした、という説でした。

もちろん杜甫もいますが、どうして白楽天なのか。それもおもしろい点です。白楽天は、同時代には、中国よりも日本においてのほうが遥かに有名でした。遣唐使や僧侶が中国から日本まで『白氏文集《はくしぶんしゅう》』を何一〇冊か持参したわけです。すると、必ずしも中国でもっとも有名な詩人でなくても、日本においては、唐の有名な詩人としては白楽天しかいない、ということになりました。中国の力を代表して、白楽天にすることになったのだと思います。

それと、不老不死と長生きについて。不老不死はもっとも不可能なことで、理想的な境界に至る、極度の理想ではないかと思います。中国の神仙、仙人たちが死なない話はありましたし、中国文学の中にも、とりわけ魏《ぎ》朝のときは、中国の政治のこともあり、さまざまな理由で、賢人たちはみんな政治から離れて、山に逃げてそこで暮らし、理想的な生活を、長寿の薬を作る様子など道教的なもので表しています。その影響があると思います。

司会（韓） ありがとうございます。なぜ、白楽天でなければいけなかったかと考えたこともなかったので、非常に興味深く聞かせていただきました。それと、質問の答えを聞きながら思ったのは、江戸時代だと、『菊慈童』や『鶴亀』が長唄《ながうた》になったりもしているので、長寿を祝うということで、中世以後の江戸への影響という点も考えてみたいと思いました。

山本啓介　こんにちは、中世文学を研究しております山本です。まず、私は能の二番目物、三番目物を見ることが多くて、神能は、あんまり実物を見たことがないので、的外れなことをお伺いするかもしれませんが、まず『白楽天』の成立時期というのは、義持頃という理解でよろしいでしょうか。

リム　『白楽天』の時代は、西原氏の説では、室町時代の義持のころとのことです。

山本　義満の頃は日明貿易が盛んで、義持の頃にはそれをやめますので、そういった中国離れの時期というようにみると、そういう見方もあるのかなと思います。

いわゆる日本の知恵を中国が測るという型の能と言いますと、廃曲かもしれませんが、『蟻通《ありどおし》』などもありますよね。中国からの使者がやってきて、日本人の知恵を測る。「石の玉の間に、糸を通せ」といった無理難題を言ってきて、それができたので日本すごいぞと。そのような一つの型がどうもあったようで、つまりそういう「日本凄いぞ意識」というものの発生となると、やはり一番大きな事件は元寇《げんこう》で、いわゆる蒙古襲来です。鎌倉中・後期に、モンゴルが攻めてきたのを日本が撃退して、あれ以来、日本は神国という意識が非常に強くなってくるようで、『八幡愚童訓《はちまんぐどうくん》』のなかで実は日本の神が戦って、中国を撃退したという話も出てきます。そういった意識と、今回の白楽天が、やっぱり繋がってくる意識があるのかなと思いました。おそらく蒙古撃退のときにも、住吉の神様が絡んできていたのが、いくつかあったかと思いますが、そのあたりについていかがでしょうか。蒙古襲来の後とかに、やはり住吉信仰なども高まってくるのもあったかと思います。

リム　ありがとうございます。それは、住吉明神は神として、とても地位が高く、重要な神様ですが、住吉明神の身分は複雑です。スーザン・クライン Susan Klein というアメリカの研究者が書いた『白楽天』に関する論文「政治的寓意としての能――『白楽天』をめぐって」（『大阪大学大学院文学研究科紀要』五〇巻、二〇一〇年）が住吉明神の性格は非常に複雑ということを指摘しています。ただし、大事なのは、能というのは、あくまでも劇場（シアター）で演じられたもので、作品が書かれた時、その時代における対外思想についてもある程度注意する必要があるということです。『白楽天』は、詩人としての白楽天と住吉明神との歌の議論が中心でありますので、おそらく宗教的な討論よりも文学的な討論であるかもしれません。

山本　確かに住吉の神様の三種類の神が混ざっているので、そういう点では複雑なのかもしれません。ひとつやはり、非常に基本的な話ですが、たとえば撃退するなら、太宰府《だざいふ》の北野天神、菅原道真《すがわらのみちざね》公でもよいはずで、それがなぜ大阪湾の住吉になるのか、とても興味深いと思った次第です。

リム　住吉明神は、白楽天のようによく知られた神様だったという点もあるかと思いますが、もう少し調べてみたいと思います。

司会（韓） ありがとうございます。能『白楽天』で、住吉明神が出ていたのは、相手が白楽天なので、和歌の神様ということで出てきたということだと思います。

■会場からの質問への解答②

＊会場の二人の方から質問がありました。その要点を整理し、リム氏の回答を記します。

（1）不老長寿の薬を貰うというのは、唐物の神能に見られる特徴なのか。能『富士山』は、唐物ではないが、日本の富士山に不老不死の薬を求めに中国から使者がやってくる内容で、不老不死への憧れという要素がある。

リム 主に唐物の神能の中によく出てくるモチーフといえると思います。確かに『富士山』という作品もありまして、本当に面白いと思います。唐物の中で、不老不死をテーマとするものには他に『彭祖《ほうそ》』という曲もあります。今後、『富士山』などの作品も読んで、今日の研究成果にも取り入れていきたいと思います。ありがとうございます。

（2）唐物の中に登場せず、宮殿の中にいて臣下に命令を下す皇帝は、永遠不動な北極星

と同じイメージを表しているのではないか。

リム　本当に面白いコメントをありがとうございます。唐物の神能について、本日取り上げなかった、皇帝の役目のことですね。皇帝が主人公でないその意味のことですね。つまり、皇帝の臣下しか来ないときは、その臣下はいつもワキ役で、作品の主な注目点は、やはり後場《のちば》の舞、歌舞のところです。なので、シテ方をどういう人物にするかということは、とても重要になります。ワキの役目として、大臣を演じることについては、研究者たちの間でいろいろ面白い論説があります。基本的には、ワキは一応シテより重要ではない役目ですが、神能の系譜の中においてだけは、大事で一番重要な役目をしているというのが、おおまかな論です。それも今後の研究に反映したいと思います。ありがとうございます。

それに、先程も言ったように、皇帝が主人公でない理由は、おそらく能の構造と関係があると思います。一曲の中に中心人物が一人しかいないことは普通ですので、命令を下す皇帝は劇の中心人物ではありません。その行動、たとえば臣下を命じて宝物を探すことなど、簡単に言葉で説明してから物語が展開します。そこで皇帝を忘れても構わないようになった。常にいるよりも、その能作品にはいない存在だと思います。

司会（韓）　お話を聞いていて、非常に興味深いと思いつつ、また、多くの研究のテーマを提供していただいたご講演と思いました。不老長寿を願うということ、中国への憧憬と反発という側面、そして舞台芸能ということで、今日ご紹介いただいた『白楽天』のような能が、一体誰のために作られ、誰に見せるための能であったのかを考えたりしました。中国の話などは、当然朝鮮や日本にも渡っていましたが、これらが芸能として残っているというのも日本の特徴なのかなと思いました。能の唐物についてのまとまった研究はこれまであまりないので、今後、さらに研究を進めていかなければいけないテーマだと思います。

講演会を終えて

青山学院大学文学部日本文学科主催招聘講演

「唐物の神能における中国のイメージ――『東方朔』『西王母』『菊慈童』『鶴亀』をめぐって」について

韓京子（青山学院大学文学部日本文学科教授）

文学部日本文学科では、二〇〇五年三月の第一回国際学術シンポジウム「文字とことば―東アジアの文化交流―」をはじめとして、招聘講演、詩の朗読会、ワークショップなどを行って来ました。振り返ってみると、そのテーマは、古代から近現代の文学だけでなく、日本語学、日本文学、日本語・日本文学教育、絵画や芸能、翻訳、翻案を含めた文学・文化交流にいたる幅広いものでした。講演者の所属も韓国、アメリカ、カナダ、イギリス、カナダ、トルコ、フランス、中国、スロベニア、タイ、インド、シンガポールなどと、ある国家や地域に偏らない学術交流を行ってきています。

日本文学科が海外学術交流を始めてからの約二〇年間、海外の高校や大学における日本語・日本文学教育、研究、およびその環境は大きく変化しました。そのような状況や海外からの視点を聞くことは、日本にいるだけでは見逃していることに気づくありがたいきっかけともなっています。今後も学術交流がますます盛んになるよう、学科でも努力してまいりたいと思います。

今回の招聘講演は、二〇二三年三月、本学科の小松靖彦先生が、シンガポール国立大学日本研究学科に訪れ、学術交流の進め方について話し合ったことが結実したものです。リム・ベンチュー先生のご講演は、能にあらわれる中国のイメージに関する内容でしたが、江戸時代の浄瑠璃に中国・朝鮮が登場するのも、日本と中国・朝鮮間の接触があったことが背景にあります。訪れたことのない国をいかに作品に描き、舞台で見せようとしたのかを考えさせられました。

リム先生および、当日ご来聴いただきました皆様に厚くお礼申し上げます。今後、開催される国際学術交流行事につきましても、ご関心を持ってお力添えいただきたいと思います。

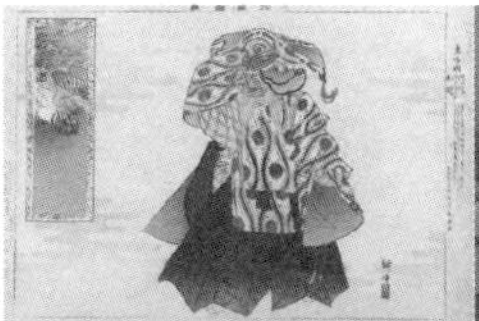

講演

唐物《からもの》の神能《かみのう》における中国のイメージ

『東方朔《とうぼうさく》』『西王母《せいおうぼ》』『菊慈童《きくじどう》』『鶴亀《つるかめ》』をめぐって

シンガポール国立大学日本研究学科准教授
リム・ベンチュー Lim Beng Choo

青山学院大学文学部日本文学科◎主催

唐土から伝来したアイデアに基づいて作成された唐物の神能が、日本中世の人々の中国観といかに繋がるか、中世の能の作者と観客が中国をいかに想像したか

◎日時……
7.1 2023［土］
14時～16時［13時30分受付開始］

◎会場……青山学院大学青山キャンパス11号館1134教室+オンライン（ハイブリッド開催）

◎講演者略歴
リム・ベンチュー(Lim Beng Choo)
シンガポール国立大学日本研究学科准教授。日本の伝統芸能および文学の研究を経て、現代文化も含めた日本文化のさまざまな分野に関心を持つ。現在は、日本の伝統芸能とデジタルテクノロジーに関するプロジェクトや能における中国の表象の研究を進めている。

◎発表要旨
神能とは、能番組の五番立の一番目の演目であり、脇能あるいは初番目物とも呼ばれている。祝祭的であることをその本質とする。神能の登場人物は、神や、それに類するような神力の持主である。神威を通して、国土を祝福し、土地の豊穣豊作を祈り、さらに神社や寺院などの縁起を語るのが、神能の通常の内容である。神能で語られる物語は比較的簡単で、賑やかな太鼓物も多い。物語の舞台は日本だけではなく、中国（唐土）の場合もある。中国人を主人公とする演目を「唐物」と呼ぶこともある。本講演では『東方朔』、『西王母』、『菊慈童』、『鶴亀』の四つの唐物の神能をめぐって、唐土から伝来したアイデアに基づいて作成された唐物の神能が、日本中世の人々の中国観といかに繋がるか、中世の能の作者と観客が中国をいかに想像したかを考察する。

◎プログラム
司会　韓京子［青山学院大学教授］
14:00～15:00　講演（リム・ベンチュー）
15:00～15:10　休憩
15:10～15:20　コメント　滝澤みか［青山学院大学准教授］
15:20～16:00　質疑応答

◎参加申込
https://forms.gle/GWvVasWXT5SuiMV47

◎お問い合わせ　青山学院大学文学部日本文学科　TEL.(03)3409-7917　jpn@cl.aoyama.ac.jp　https://www.aoyama.ac.jp/faculty/literature/japanese/

青山学院大学
AOYAMA GAKUIN UNIVERSITY

著者

リム・ベンチュー（Lim Beng Choo）

シンガポール国立大学人文・社会科学部日本研究学科准教授。シンガポール国立大学卒業。コーネル大学大学院博士課程修了。Ph.D。日本の伝統芸能および文学の研究を経て、現代文化も含めた日本文化のさまざまな分野に関心を持つ。現在は、日本の伝統芸能とデジタルテクノロジーに関するプロジェクトや能における中国の表象の研究を進めている。

編者

青山学院大学文学部日本文学科

企画

小松靖彦（こまつ・やすひこ）

青山学院大学文学部日本文学科教授

1961年生まれ。東京大学文学部卒業。東京大学大学院人文科学研究科修了。博士（文学）。

著書：『萬葉学史の研究』（おうふう、2008年〈2刷〉）、『万葉集 隠された歴史のメッセージ』（角川選書、角川学芸出版、2010年）、『万葉集と日本人』（角川選書、KADOKAWA、2014年。第3回古代歴史文化賞）、『戦争下の文学者たち ―『萬葉集』と生きた歌人・詩人・小説家 』（花鳥社、2021年）など。

韓京子（はん・きょんじゃ）

青山学院大学文学部日本文学科教授

1970年生まれ。韓国徳成女子大学自然科学部卒業。東京大学大学院人文社会系研究科修了。博士（文学）

著書：『近松時代浄瑠璃の世界』（ぺりかん社、2019年）、論文：「佐川藤太の浄瑠璃－改作・増補という方法」（『国語と国文学』第91巻15号、2014年5月）、「植民地朝鮮における文楽興行」（『日本学研究』46輯、2015年9月）「近松の浦島物浄瑠璃の構想」（『国語と国文学』第98巻2号、2021年2月）など。

滝澤みか（たきざわ・みか）

青山学院大学文学部日本文学科准教授

早稲田大学文学部卒業。早稲田大学大学院文学研究科博士後期課程退学。博士（文学）。

著書：『流布本『保元物語』『平治物語』にみる 物語の変遷と背景―室町末・戦国期を中心に―』（汲古書院、2021年）、小井土守敏氏と共著『流布本 保元物語 平治物語』（武蔵野書院、2019年）など。

唐物の神能における唐土

―『東方朔』『西王母』『菊慈童』『鶴亀』をめぐって―

2024（令和6）年3月31日　第1版第1刷発行

ISBN978-4-86766-038-6　C0074　

発行所　株式会社 **文学通信**

〒113-0022　東京都文京区千駄木2-31-3 サンウッド文京千駄木フラッツ1階101

電話 03-5939-9027　Fax 03-5939-9094

メール info@bungaku-report.com　ウェブ https://bungaku-report.com

発行人　岡田圭介

印刷・製本　モリモト印刷

ご意見・ご感想はこちらからも送れます。上記のQRコードを読み取ってください。